ÉLEVER DES ENFANTS COMPATISSANTS

ÉLEVER DES ENFANTS COMPATISSANTS

HANLEY STANLEY

CONTENTS

	Introduction à la parentalité bienveillante	1
1	Principe fondamental 1 : Modéliser un comportement	6
2	Principe fondamental 2 : Enseigner l'empathie et l	10
3	Principe fondamental 3 : Encourager les actes de g	14
4	Principe fondamental 4 : Favoriser un environnemen	17
5	Principe fondamental 5 : Fixer des limites et une	20
6	Le rôle de la communication dans la parentalité bi	23
7	Cultiver la résilience et l'autocompassion chez le	26
8	Faire face aux défis et aux obstacles de la parent	29
9	Célébrer la diversité et promouvoir l'inclusion da	32
10	L'importance de prendre soin de soi pour les paren	35
	Conclusion : s'engager dans la voie de la parental	37

Copyright © 2025 by Hanley Stanley
All rights reserved. No part of this book may be reproduced in any manner whatsoever without written permission except in the case of brief quotations embodied in critical articles and reviews.
First Printing, 2025

Introduction à la parentalité bienveillante

Que signifie être compatissant ? Nous savons tous reconnaître une personne compatissante lorsque nous la voyons. Elle est patiente lorsque nous racontons sans cesse les mêmes histoires. Elle nous propose son aide lorsque nous devons déménager ou lorsque nous ne pouvons pas promener le chien ce soir parce que nous nous sentons malades. Elle est prête à nous faire un câlin rassurant lorsque nous n'arrivons pas à maîtriser quelque chose qui semble si facile pour tout le monde.

Élever des enfants compatissants ne se résume pas à leur apprendre à identifier un sentiment chez quelqu'un d'autre et à y réagir. Être une famille compatissante, c'est respirer la douleur du monde et agir pour l'atténuer, un petit coin du monde à la fois. Il peut être difficile de définir exactement à quoi ressemble une famille compatissante, mais nous en reconnaissons intuitivement une lorsque nous en voyons ou en rencontrons une. Les familles compatissantes se démarquent.

Pour moi, ces cinq valeurs et pratiques fondamentales des familles bienveillantes sont ce qui les rend si spéciales. En travaillant, en discutant et en riant avec des familles qui semblent avoir compris l'importance d'être un être humain tout à fait décent, ces traits semblent également être au cœur de leur caractère. Les parents qui semblent vivre leur journée de manière très intentionnelle sont résolument compatissants. Ils le définissent tous un peu différemment, mais un comportement véritable, mesuré et bienveillant est un objectif qui résonne profondément chez tous les types de familles.

Voici les cinq valeurs fondamentales qui, selon moi, sont cruciales pour les familles compatissantes :

1. **La compassion est un processus d'apprentissage.**
2. **Le véritable comportement compatissant vient de l'intérieur de nous-mêmes, et non de récompenses externes.**
3. **Être parent avec compassion peut sembler accablant, mais c'est nécessaire.**
4. **La parentalité compatissante est un travail relationnel pacifique.**
5. **Les adultes comme les enfants doivent croire que les autres se soucient de leurs sentiments pour pouvoir véritablement accéder à leur empathie.**

Définition de la compassion dans le contexte de la parentalité

La compassion est une valeur fondamentale illustrée par les liens relationnels. Dans le contexte de la parentalité, la compassion est conceptualisée comme une expression comportementale et attitudinale de bienveillance envers un enfant. Elle combine une attention portée aux émotions et aux expériences de l'enfant avec un désir d'aider, une orientation vers la compréhension des expériences de l'enfant et un engagement à aider l'enfant à faire face et à modifier son comportement.

La compassion est une réponse à la souffrance des enfants, qu'elle soit de détresse, de tristesse, de peur, de colère ou même de bonheur. Une telle réponse aux enfants peut aider à cultiver des valeurs sûres, fiables et bienveillantes à partir desquelles un potentiel de développement supplémentaire peut être exploité. À un niveau existentiel profond, la compassion permet à l'enfant de gérer les tâches, de trouver une motivation interne, de faire confiance et d'être réactif dans une nouvelle gestalt d'interpénétration des mondes intérieurs et extérieurs.

Le rôle des parents est fondamental pour éloigner un enfant du danger et de l'exploitation et le guider vers le bien-être physique et psychologique. Les parents sont des modèles de valeurs, font preuve d'acceptation et élèvent activement leurs enfants pour qu'ils atteignent et manifestent leur potentiel dans leur vie d'adulte. Les parents compatissants s'efforcent de comprendre les sentiments et les points de vue de leurs enfants et sont tout aussi prompts à leur signaler qu'ils s'en soucient.

Cette section décrit les cinq principes fondamentaux de la parentalité fondée sur la compassion. Il s'agit notamment des principes de **bienvenue**, **de clarté**, **d'engagement**, **de cohérence** et **de résolution créative des conflits**.

Développer chaque principe :

1. **Entretien :**
   - Faire preuve d'attention implique une écoute active, de l'empathie envers les sentiments de votre enfant et de valider ses émotions.
   - Les soins comprennent également la prise en charge des besoins physiques de votre enfant, le réconfort et la création d'un environnement sûr et stimulant.
   - Des moyens pratiques pour montrer votre attention : des contrôles quotidiens, des routines familiales et du temps de qualité dédié.
2. **Clarté :**
   - La clarté signifie établir des attentes, des limites et des lignes directrices claires en matière de comportement.
   - Il s'agit également de communiquer avec votre enfant de manière simple et compréhensible.

- Des moyens pratiques pour maintenir la clarté : des règles cohérentes, des instructions claires et des discussions ouvertes sur les valeurs et les attentes.

3. **Engagement** :
   - Être engagé envers le bien-être de votre enfant implique d'être constamment là pour lui, de faire preuve de fiabilité et de tenir ses promesses.
   - Il s'agit de se consacrer à leur croissance et de les soutenir dans les défis.
   - Des moyens pratiques pour montrer son engagement : soutenir constamment ses activités, être présent lors des moments importants et prendre le temps de créer des liens.

4. **Cohérence** :
   - La cohérence dans le comportement parental aide les enfants à se sentir en sécurité et à comprendre les conséquences de leurs actes.
   - Il s'agit d'être prévisible dans vos réponses et de maintenir un environnement stable.
   - Des moyens pratiques pour maintenir la cohérence : des routines régulières, une discipline cohérente et des traditions familiales stables.

5. **Résolution créative des conflits** :
   - Ce principe consiste à apprendre aux enfants à gérer les conflits de manière constructive et à trouver des solutions qui conviennent à toutes les personnes impliquées.
   - Cela inclut le développement des compétences de résolution de problèmes, de l'empathie et de la coopération.
   - Des moyens pratiques pour pratiquer la résolution créative des conflits : jouer des scénarios de conflit, dis-

cuter des sentiments et des solutions, et encourager le travail d'équipe et le compromis.

CHAPTER 1

Principe fondamental 1 : Modéliser un comportement

De nombreuses études montrent que les enfants sont prédisposés à se soucier des autres et à agir avec gentillesse et coopération dès leur plus jeune âge. Leur disposition à la compassion est particulièrement façonnée par la manière dont les personnes qui s'occupent d'eux réagissent et font preuve de compassion dans leur vie quotidienne. En tant que modèles pour leurs enfants, la compassion et l'empathie des parents les uns envers les autres, ainsi qu'envers leurs enfants, sont associées au développement d'attitudes et de comportements prosociaux chez leur progéniture. Même avant l'époque des influences parentales humaines, les nourrissons sont exposés à un environnement chaleureux et nourrissant. Au fil du temps, les valeurs et les attitudes des parents en tant que modèles peuvent façonner à la fois les fondements moraux et le comportement d'un enfant.

Élaboration du principe fondamental : donner l'exemple

Contrairement à l'enseignement explicite de la compassion aux enfants, le principe fondamental 1 met l'accent sur le rôle clé du parent en tant que modèle de comportement compatissant. Dans les premières années, un enfant est influençable et apprend par l'observation et l'imitation. Dès la petite enfance, la capacité à s'adapter aux états mentaux et émotionnels des autres se construit grâce à la douceur d'un soignant. Les parents sont les premiers et principaux enseignants à montrer aux tout-petits en développement comment prendre soin et écouter avec un cœur ouvert les diverses émotions et besoins des autres. En aidant nos enfants à poser les bases de la compassion, ils peuvent y faire appel dans les grands comme dans les petits moments, car c'est souvent à partir de moments de petits sacrifices et d'un intérêt personnel inhibiteur que naît la croissance.

Montrer l'exemple

Pour donner l'exemple aux enfants, il faut montrer l'exemple. La façon dont les parents agissent et parlent aux autres est extrêmement influente pour les enfants. Ils écoutent non seulement les idées, les valeurs et les attentes sociales qui leur sont exprimées, mais aussi celles que leurs parents et autres figures d'autorité semblent respecter. Lorsqu'il y a une contradiction entre les paroles et les actes, ils sont plus susceptibles d'écouter et d'être influencés par ces derniers. C'est pourquoi l'une des choses les plus puissantes que les parents puissent faire est de montrer l'exemple, en traitant les autres et leurs enfants avec patience, gentillesse et civilité. Cela ne signifie pas être un parent parfait, mais cela signifie adopter une approche profondément réfléchie de votre rôle parental et faire constamment preuve de bonne foi dans la promotion des principes fondamentaux.

C'est dans nos interactions avec nos enfants au quotidien que nous créons l'environnement émotionnel et psychologique qui les aide à accepter, à apprendre et à vivre comme leurs parents l'espèrent. Voici quelques éléments à garder à l'esprit pour faire preuve de compassion dans notre façon d'être parent :

1. **Cohérence entre les paroles et les actes** :

- L'adéquation entre ce qui est dit et ce qui est fait est essentielle. Il ne s'agit pas seulement d'envoyer un message ponctuel de générosité ou d'empathie. Il s'agit de construire chez les enfants une perspective selon laquelle les valeurs dont vous parlez sont les bonnes et peuvent être utilisées pour naviguer dans le monde.
- Si vous dites qu'il est important d'être prévenant et que vous le montrez aux autres, les enfants sont beaucoup plus susceptibles de penser que les autres se soucient également de cette valeur et la considèrent comme une valeur raisonnable pour guider leur comportement.

2. **Modélisation des actions quotidiennes** :
   - Les actions, réalisées de manière cohérente au fil du temps, constituent un excellent moyen pour les parents de fournir un modèle de ce que signifie être un bon adulte.
   - De simples actes de gentillesse, de patience et d'empathie dans les interactions quotidiennes peuvent laisser un impact durable sur les enfants.

3. **Créer un environnement favorable** :
   - Un environnement émotionnellement et psychologiquement favorable aide les enfants à se sentir en sécurité et compris, ce qui leur permet d'adopter plus facilement des comportements compatissants.
   - Encourager une communication ouverte, valider leurs sentiments et montrer un amour inconditionnel sont des éléments clés.

En montrant l'exemple, les parents font de leur mieux pour élever leurs enfants. En faisant preuve de compassion de façon constante, les enfants acquièrent non seulement des compétences utiles dans la vie, mais ils contribuent également à créer une génération future compatissante et empathique.

CHAPTER 2

Principe fondamental 2 : Enseigner l'empathie et l

Enseigner l'empathie et la prise de perspective est le deuxième principe des cinq principes fondamentaux de l'éducation des enfants compatissants. Il est possible d'inculquer l'empathie aux enfants lorsqu'ils ont une idée claire de ce que sont les émotions et sont capables de les reconnaître chez les autres. En discutant ouvertement des émotions, nous montrons qu'elles sont importantes et peuvent être mieux comprises. Une fois que les enfants sont capables de les reconnaître en eux-mêmes, ils peuvent reconnaître les émotions des autres. Nous pouvons encourager l'empathie en discutant et en expliquant ce que les autres pourraient ressentir dans une situation donnée. Nous pouvons également discuter de la façon dont les autres pourraient interpréter une situation donnée par rapport à la façon dont nous la percevons nous-mêmes. Une fois que les enfants ont une bonne compréhension de la prise de perspective, ils peuvent également apprendre à être sensibles lorsqu'ils s'expriment, sachant que ce qu'ils peuvent avoir besoin d'exprimer peut blesser les sentiments de quelqu'un. Enfin, nous pouvons apprendre à nos enfants qu'ils peuvent faire preuve d'attention et de préoccupation envers les autres pour que les personnes qui les entourent se sentent mieux. Si nous encourageons continuellement les expressions d'attention, elles finiront par devenir une habitude.

La prise de perspective est importante pour devenir le premier fondement du cheminement d'un enfant vers la compassion. Si les enfants parviennent à développer un fort sens de compréhension du point de vue d'autrui, ils peuvent être sur la bonne voie pour développer un sens actif de l'intérêt et de la préoccupation pour améliorer les expériences de ceux qui les entourent. Le cœur de l'empathie comprend la compréhension des émotions et la capacité à adopter le point de vue d'autrui. Alors que la sympathie n'est que le sentiment d'une émotion, l'empathie est l'alignement de l'intérêt pour améliorer les choses.

Élaboration des principes fondamentaux : Enseigner l'empathie et la prise de perspective

L'ère de la réflexion sur l'individualisme dominant a produit une stigmatisation de l'utilisation du mot empathie. Son utilisation comme synonyme du mot « sympathie » et les connotations qui lui sont associées sont devenues si négatives dans notre vocabulaire actuel que l'utilisation courante du mot empathie comme forme de médiation a été oubliée. L'empathie et la compassion ne sont pas des programmes profondément biologiques mais impliquent de multiples processus qui ne parviennent pas à communiquer entre eux de manière simple et élégante.

Développer l'intelligence émotionnelle
Intelligence émotionnelle : empathie et prise de perspective

L'un des principaux éléments de la création d'un climat de compassion est l'enseignement de l'intelligence émotionnelle. L'intelligence émotionnelle englobe les compétences d'empathie, de résolution pacifique des conflits et de résolution des problèmes interpersonnels. La partie la plus essentielle de l'intelligence émotionnelle est l'empathie. L'empathie comprend la capacité à prendre du recul décrite ci-dessus. Grâce à cette compétence, nous sommes capables de voir les choses du point de vue d'une autre personne. Nous réfléchissons à ses sentiments et à ses expériences ainsi qu'aux nôtres.

L'empathie se développe à mesure que nous acquérons une meilleure connaissance des émotions. Lorsque nous pouvons identifier ce que nous ressentons ou ce que ressent une autre personne, nous avons un nouveau niveau de contrôle. Ce niveau de contrôle, à son tour, améliore notre capacité à être empathique ou compatissant. Pour renforcer les actions compatissantes chez les enfants, les parents doivent les aider à développer un vocabulaire varié de mots affectifs, à reconnaître leurs propres sentiments et ceux des autres avec ces mots, et à apprendre à faire face et à résoudre les problèmes ou à introduire des comportements alternatifs qui aboutissent à des actions compatissantes.

L'intelligence émotionnelle est un élément fondamental que les parents doivent comprendre lorsqu'ils tentent d'enseigner l'empathie à leurs enfants. L'intelligence émotionnelle et l'empathie sont toutes deux des expressions délibérément choisies de notre amour. Un nombre croissant de ressources, de cours et d'études sont disponibles sur les exercices d'alphabétisation émotionnelle dans les universités et les écoles locales. Les revues spécialisées contiennent de nombreuses études montrant une corrélation directe entre l'intelligence émotionnelle et la réussite scolaire et la réussite générale sur le marché du travail. Beaucoup pensent que, une fois adultes, s'ils se développaient davantage dans ce domaine, la vie de leurs enfants en bénéficierait tout autant.

Bien que certains enfants naissent plus empathiques que d'autres, il existe une variété de techniques et d'exercices de soutien qui peuvent aider à développer la nature compatissante des enfants. Il est possible que les enfants ressentent souvent ce que les autres ressentent, car ils peuvent facilement imiter le ton de la voix et les expressions faciales des autres pour développer ou diminuer l'empathie. Même lorsque les enfants naissent avec certaines de ces tendances à l'empathie, ce trait doit être nourri pour devenir plus fort. Les parents doivent être directs pour accélérer le développement de leur enfant dans ce domaine. Aider les enfants à développer un sens de l'empathie et de la sensibilité peut être plus important que toutes les compétences qui peuvent être enseignées.

CHAPTER 3

Principe fondamental 3 : Encourager les actes de g

Encourager les actes de gentillesse et de service est le troisième principe des cinq principes fondamentaux de l'éducation des enfants compatissants. Nous pouvons faire mieux pour élever des enfants compatissants. On suppose généralement que l'empathie est soit présente, soit absente, alors que les recherches les plus récentes suggèrent qu'elle ressemble davantage à un muscle qui, lorsqu'il est exercé, se développe. Une fois que les parents comprennent l'importance de nourrir l'empathie chez leurs enfants, ils supposent que la compassion et le désir de servir suivront naturellement.

Le principe du service s'applique à tous les âges et à toutes les capacités. Le service peut être considéré comme un puissant outil pédagogique de responsabilité sociale dans les salles de classe, dans la mesure où l'on croit qu'agir comme une personne compatissante amènera les enfants à devenir des personnes bienveillantes. Cette valeur du service, ainsi que les cinq autres principes fondamentaux, guident le programme « Language of Compassion » développé dans les écoles publiques de Tacoma. « Nous pensons qu'en fin de compte, vouloir soulager la souffrance des autres, les aider à sortir de leur tristesse, conduit à des actes de gentillesse. » Les éducateurs du

Search Institute, empruntant une voie différente, associent chaque valeur morale fondamentale à une compétence et à des possibilités d'enseignement. Par exemple, la valeur de la compassion est considérée comme le fait de se soucier des autres, de parler de ce que l'on ressent lorsqu'on est exclu et de s'entraîner à aider ceux qui sont victimes d'intimidation. Selon l'Institut, les « enfants vraiment bienveillants » (ceux qui font preuve de compassion) sont également motivés à devenir des citoyens responsables.

L'altruisme, le désir désintéressé d'aider les autres, est une construction différente de la compassion. D'un point de vue normatif, l'altruisme se rapproche davantage de l'idée de service, où la compassion est à égalité avec d'autres idées et attitudes. De cette façon, l'altruisme correspond aux valeurs morales et morales du côté gauche du schéma de Wilson, tandis que la compassion se situe au milieu, dans ce que Wilson appelle la « vertu ». L'altruisme comprend la collecte d'ours en peluche pour les enfants d'un pays déchiré par la guerre ou le don d'argent pour les repas. Le care consiste en des idées liées à la gentillesse, comme le fait de se soucier des personnes maltraitées ou malades.

Élaboration du principe fondamental : encourager les actes de gentillesse et de service

Enseigner l'empathie à elle seule ne suffit pas. Nous devons encourager activement nos enfants à accomplir des actes de gentillesse et de service. Cela les encourage à pratiquer l'empathie de manière concrète et à voir l'impact direct que leurs actions peuvent avoir sur les autres. En intégrant ces activités dans leur vie, nous contribuons à favoriser un sens de la responsabilité sociale et à développer un caractère compatissant.

Bénévolat en famille

Le bénévolat en famille est une façon efficace de montrer que nous nous soucions des autres et que nous sommes en contact avec le côté le plus profond et le plus compatissant de la vie. Lorsque les enfants font du bénévolat, ils se sentent utiles et compétents. Ils font partie d'une communauté, rencontrent des gens d'horizons divers, partagent leurs expériences et s'identifient à ceux qui ont moins, tout en partageant la chaleur et la compassion des adultes bienveillants dans leur vie.

Voici quelques activités bénévoles familiales à considérer :

- **Préparez et livrez un sandwich à la dinde à un sans-abri** : expliquez l'importance de la charité et de l'aide aux autres.
- **Consultez le journal local pour connaître les possibilités de bénévolat adaptées aux familles** : recherchez des activités auxquelles les enfants peuvent participer, comme des cours particuliers de lecture, des entraînements sportifs ou des collectes de fonds pour une cause locale.
- **Participez à des collectes de charité** : collectez des articles comme des ours en peluche pour les enfants dans le besoin ou des dons pour les banques alimentaires locales.

Avant de lancer des activités familiales, renseignez-vous auprès des organismes locaux sur les possibilités de bénévolat adaptées à l'âge des enfants. Certaines organisations peuvent imposer des restrictions d'âge pour garantir la sécurité et gérer la surstimulation émotionnelle des jeunes enfants.

En modélisant l'éthique de la charité et en invitant les enfants à participer à leur niveau, les parents peuvent inculquer un sentiment durable de compassion et de service à leurs enfants.

CHAPTER 4

Principe fondamental 4 : Favoriser un environnemen

Créer un environnement favorable est essentiel pour favoriser le développement, le maintien et la généralisation de comportements prosociaux chez les membres de la famille. Il est difficile de partager et de prendre soin des autres lorsqu'on est bombardé de négativité. Les environnements qui véhiculent l'empathie, le respect et l'inclusion favorisent le développement de la chaleur humaine chez les membres de la famille. Lorsque les enfants se sentent respectés, acceptés et entendus, ils sont plus susceptibles d'accorder la même attention positive aux autres.

Notre définition formelle de la création d'un monde de gentillesse commence dans notre foyer. Un article de recherche rédigé par David Hamilton (chercheur postdoctoral au laboratoire central de Northeastern) et paru dans le Scientific American en 2018 a identifié que l'empathie, la compassion et le bien-être général des membres de la famille peuvent être positivement impactés par un changement de dynamique dans la plupart des foyers. Ces dynamiques incluent l'inclusion et l'espace de partage émotionnel au sein du foyer. Hamilton a fait valoir que, plus particulièrement pour nourrir l'amour et la gentillesse chez les enfants, « afin d'élever des enfants plus compatissants et plus attentionnés, les parents peuvent avoir besoin de réévaluer et de reconfigurer certaines des façons dont ils abordent la parentalité ». Avec leurs qualités empathiques et créatives, choisissant de suivre l'esprit de l'argumentation de Hamilton, notre équipe a développé 5 principes fondamentaux de la parentalité. Le tableau ci-dessous décrit ces 5 principes fondamentaux. Aujourd'hui, l'accent est mis sur le principe fondamental n° 4.

PRINCIPES FONDAMENTAUX DE LA PARENTALITÉ :

- Principe n°1 : Devenir des adultes compatissants est la chose la plus importante que nos enfants feront jamais !
- Principe n°2 : Montrer l'exemple en dit long à nos enfants – les mots font la musique, la mélodie inhérente est l'empathie de quelqu'un d'autre.
- Principe n°3 : Créer un monde de gentillesse commence à la maison !
- Principe n°4 : Cultiver la compassion est notre responsabilité !
- Principe n°5 : Encourager la compassion chez nos enfants n'est pas toujours évident, alors recherchez des moments propices à l'apprentissage.

Créer une culture d'acceptation

Acceptez l'individualité de votre enfant en célébrant ses qualités et ses différences uniques. Cela peut inclure des différences de QI et de réussite scolaire si votre enfant ne correspond pas au modèle académique traditionnel, des différences physiques, etc. Les parents montent souvent leurs enfants les uns contre les autres en félicitant l'un d'eux, souvent le plus sportif ou le plus performant sur le plan scolaire, et en utilisant ces éloges comme un critère de mesure par rapport à ses frères et sœurs et à ses pairs.

Encouragez la compréhension et la compassion envers les autres dans le cercle social de votre enfant en montrant l'exemple et en enseignant le respect des différences que les autres peuvent avoir. Il est important de créer une culture familiale qui met l'accent sur les différences et la diversité comme une force, car cela encourage également l'appréciation de soi. Encouragez votre enfant à identifier une chose unique en lui-même qu'il apporte à son groupe d'amis. L'enfance et l'adolescence sont une période où l'acceptation et l'appartenance à un groupe social sont souvent primordiales. Aidez votre enfant à voir la valeur des différences individuelles entre les membres de tout groupe auquel il appartient.

Créez des discussions familiales ou posez des questions directes sur les camarades de classe ou les coéquipiers qui peuvent avoir des différences d'apprentissage, intellectuelles ou physiques qui peuvent inciter les autres à se moquer d'eux. Demandez-leur comment ces événements sont perçus par les camarades de classe et les élèves concernés dans leur école ou leur club et ce qu'ils pourraient faire pour changer la culture. Donnez des informations factuelles à votre enfant sur les handicaps et apprenez-lui que les gens ont aussi des différences intérieures qui doivent être prises en compte d'une manière ou d'une autre.

CHAPTER 5

Principe fondamental 5 : Fixer des limites et une

Fixer des limites et une discipline constante et aimante est le cinquième principe des cinq principes fondamentaux de l'éducation des enfants compatissants. Du plus petit bébé à l'adolescent le plus turbulent, les enfants ont besoin de limites, pour leur propre développement moral et social. Sans limites claires, conseils et conséquences appropriées pour les mauvais choix, les enfants auront beaucoup de mal à distinguer le bien du mal. Ils ne se sentiront pas responsables de leurs actes, ne développeront pas d'empathie pour les autres et ne seront pas capables de surmonter l'adversité.

Cependant, trop de discipline n'est pas non plus idéale. Une discipline excessive ou tout simplement injuste peut endommager les enfants sur le plan émotionnel et les transformer en tyrans ou en cibles fréquentes de harcèlement dans la cour d'école. Le recours à la force physique ou la diabolisation des enfants peuvent accroître leur risque de délinquance, voire de comportement criminel.

La meilleure discipline est ferme mais juste et ses limites sont claires. Les enfants doivent savoir à quoi s'attendre s'ils enfreignent les règles. Expliquez-leur pourquoi ces règles sont en place : parce que vous les aimez et que vous voulez qu'ils soient en sécurité et qu'ils grandissent pour devenir des membres responsables et attentionnés de la société. Les experts en puériculture recommandent de discuter et de convenir des règles et des conséquences appropriées avec vos enfants, en les adaptant à mesure qu'ils grandissent et qu'ils peuvent assumer davantage de responsabilités.

Équilibrer la fermeté avec la compréhension

Selon le Dr Darcia Narvaez, psychologue à l'Université de Notre Dame, une bonne éducation parentale ne consiste pas à « contrôler les enfants pour qu'ils soient ordonnés et réussissent ». Au contraire, comme elle l'écrit dans *Psychology Today*, l'objectif est de les motiver et de les guider de manière à stimuler les bonnes pulsions internes pour qu'elles fonctionnent bien et harmonieusement. Pour y parvenir, il faut en grande partie trouver un équilibre entre fermeté et compréhension. Les parents ont besoin de règles et doivent être des parents et non des amis, mais les enfants/petits-enfants apprennent par l'expérience. En aidant les enfants à apprendre à faire de bons choix grâce à une fermeté bienveillante, ils peuvent apprendre à faire preuve de compassion envers eux-mêmes et envers les autres, et à être mieux adaptés à la vie en communauté et à l'épanouissement personnel.

Le Dr Narvaez et son équipe ont élaboré « Les 5 principes fondamentaux de la parentalité » pour favoriser des enfants compatissants, qui sont basés sur de telles compréhensions de la nature humaine.

Selon Vivian Diller, psychologue exerçant en cabinet privé à New York, où elle travaille avec des familles, il est difficile de faire la part des choses entre l'éducation des enfants et la mise en place de limites et la discipline. « La meilleure façon d'y parvenir est de mettre en place une discipline », qui donne aux enfants des lignes directrices ou des règles, dit-elle. « En fixant des limites, nous leur enseignons des valeurs, de l'empathie, la réflexion avant d'agir, les conséquences, dit-elle, tout cela fait partie de la compassion. Nous leur enseignons également la maîtrise de soi, qui est nécessaire pour maîtriser la colère et être à l'écoute des sentiments des autres. En d'autres termes, la volonté et les compétences cognitives nécessaires pour faire preuve de compassion sont les mêmes compétences et intentions que l'on acquiert lorsqu'on nous impose des limites et que l'on apprend finalement de ses propres erreurs et de ses propres succès. » Les parents doivent développer un bon jugement sur les limites, ajoute-t-elle. Un parent doit se demander si une règle est raisonnable et si elle est appliquée de manière raisonnable.

CHAPTER 6

Le rôle de la communication dans la parentalité bi

La communication : c'est la façon dont nous disons aux gens qui nous entourent que nous les aimons et les comprenons. Aider les enfants à développer des compétences de communication efficaces leur permet de savoir comment exprimer efficacement leurs pensées et leurs sentiments. Cela leur apprend à écouter activement les idées et les émotions des autres, à faire preuve d'empathie envers eux et à défendre ceux dont la voix est trop faible pour être entendue. C'est la clé d'une collaboration bienveillante qui va au-delà de l'exploitation du pouvoir et de la peur pour gagner des adeptes et pour ouvrir les cœurs.

Dans un monde où la compassion est souvent considérée comme une faiblesse, nous ne pouvons pas amener les enfants à trouver la force qui naît de cette compassion sans comprendre les bases mêmes du dialogue éthique, et nous ne pouvons pas non plus nous attendre à ce qu'il soit initié sans l'imiter. Il faut élever des enfants qui se sentent en droit de respecter les autres, qui veulent parler aux gens lorsqu'ils souffrent et les traiter avec gentillesse. Mary Gordon, fondatrice de Roots of Empathy, dit aux parents : « À moins que vos enfants ne soient de bons communicateurs, il est très difficile d'y parvenir. » Selon la consultante psychoéducative Michele Borba, « les enfants gentils, attentionnés et empathiques sont également de bons communicateurs. » Inversement, dit-elle, « si votre enfant est incapable de communiquer ou d'écouter les points de vue d'autrui, comment pourrait-il communiquer de la compassion ou écouter quelqu'un dans le besoin ? » Un principe fondamental de la communication compatissante est que le parent ou l'éducateur croit que l'enfant a la capacité de développer un tel niveau de compétence, sur le plan éthique.

Écoute active et dialogue ouvert

Les parents peuvent favoriser la compassion chez leurs enfants en dialoguant ouvertement et en écoutant activement leurs problèmes et leurs commentaires. L'écoute active consiste à entendre et à comprendre véritablement ce que dit l'autre personne. Cela signifie également que nous ne devons pas juger ce qui a été dit tant que nous n'avons pas bien compris ce que l'autre personne essaie de communiquer. Lorsque vous écoutez, n'oubliez pas que l'écoute implique une communication ouverte et non verbale. Parfois, nous percevons des émotions par la façon dont une personne se voûte ou se détourne lorsque nous parlons. L'écoute active implique également de répondre. Après avoir entendu ce que dit une personne, il est souvent conseillé d'affirmer ce qui a été dit avant d'exprimer des opinions ou de parvenir à une compréhension mutuelle.

L'écoute non verbale avec les enfants consiste à établir un contact visuel, à écouter ce que dit l'enfant et à reconnaître sa contribution. Il s'agit également de donner à l'enfant le temps de dire ce qu'il pense. Cette forme d'écoute peut ouvrir un espace de confiance entre le parent et l'enfant et aider les enfants à développer un sentiment d'empathie lorsque l'auditeur est un auditeur empathique ou sensible. Grâce à la communication verbale ou non verbale, les enfants (ainsi que les adultes) peuvent ressentir lorsque les autres expriment leurs sentiments et les refléter à ce moment-là par leurs gestes non verbaux.

L'écoute active est un bon outil pour parler aux enfants et c'est aussi un excellent moyen d'établir une meilleure communication avec eux. Non seulement vous offrez à votre enfant la possibilité de parler de ce qu'il a en tête, mais cela vous aidera également à identifier les problèmes qui pourraient nécessiter d'être abordés. Cela montre aux enfants qu'ils sont importants. Les enfants apprennent mieux en faisant, et communiquer activement avec eux constitue un bon modèle pour les parents. La réaction d'un parent à la communication d'un enfant (qu'elle soit positive ou négative) montrera à l'enfant comment il doit se comporter lorsqu'il voudra communiquer avec d'autres personnes à l'avenir.

CHAPTER 7

Cultiver la résilience et l'autocompassion chez le

La résilience et l'autocompassion sont deux éléments importants qui contribuent au bien-être mental et émotionnel. La résilience est la capacité à rebondir après avoir été mis à terre, à surmonter l'adversité ou les défis et à développer un esprit de persévérance ou de croissance. Elle représente le courage et la force de tolérer et de surmonter l'inconfort d'une situation. Chez les enfants, la résilience est étroitement liée à la capacité de résolution de problèmes.

De plus en plus de preuves suggèrent que l'autocompassion, décrite comme une gentillesse tournée vers l'intérieur, lorsque nous nous accordons les mêmes réponses attentionnées que nous offrons à nos amis, est liée à la compétence sociale générale, à l'adaptation globale et à la diminution des symptômes d'anxiété et de dépression. Elle aide à la fois à reconnaître l'inconfort et à s'encourager à faire face à la situation. Cultiver la résilience et l'autocompassion chez les enfants correspond en effet parfaitement au principe de l'éducation parentale avec compassion. La question se pose de savoir comment cultiver ces deux traits chez les enfants. Les parents sont les principaux agents de socialisation et peuvent grandement influencer le développement de ces deux vertus importantes. Voici quelques moyens par lesquels les parents peuvent travailler sur ces capacités chez leurs enfants :

1. **Favorisez un état d'esprit de croissance** : enseignez que les obstacles sont des opportunités de grandir et de se développer, et non des menaces.
2. **Laissez-les résoudre les problèmes** : Au lieu de résoudre les problèmes à leur place, laissez-les d'abord ressentir l'échec, puis aidez-les à trouver eux-mêmes des solutions.
3. **Modèle d'auto-compassion** : Faire preuve d'une attitude d'auto-compassion envers soi-même face à des insuffisances personnelles.
4. **Encouragez l'identification des points forts** : encouragez les enfants à identifier leurs points forts. Le fait d'être conscient de ses capacités et d'avoir confiance en elles contribue à susciter une réaction résiliente, ce qui réduira le sentiment d'impuissance.
5. **Modélisez une approche de résolution de problèmes avec un état d'esprit de croissance** : démontrez comment aborder les problèmes avec un état d'esprit de croissance.
6. **Cultivez l'autocompassion** : encouragez les enfants à être leurs propres meilleurs amis.

Développer un état d'esprit de croissance

Les enfants sont constamment bombardés de messages leur demandant d'être les meilleurs, d'avoir de bonnes notes ou d'exceller dans leurs activités. Les psychiatres et psychologues pour enfants mettent en garde contre le fardeau que représente le fait d'essayer d'être parfait pour la santé mentale. Élever ses enfants dans un état d'esprit de croissance peut être l'un des plus beaux cadeaux qu'un parent puisse offrir.

La Dre Kristin Neff, chercheuse de premier plan dans le domaine de l'autocompassion, a étudié la façon dont les gens persévéraient ou abandonnaient face à un problème d'anagramme insoluble. Elle a découvert que les personnes qui avaient un état d'esprit fixe et faisaient des attributions internes se reprochaient de ne pas être capables de résoudre le problème. Les personnes qui avaient un état d'esprit de croissance, ou la conviction qu'elles feraient mieux la prochaine fois, faisaient plus d'efforts et étaient résilientes face aux échecs.

Les adeptes de l'état d'esprit de croissance, comme Carol S. Dweck, chercheuse à l'université de Stanford, ont constaté que les enfants ayant un état d'esprit « fixe » pensaient que leur intelligence n'était qu'un trait fixe sur lequel ils n'avaient que peu de contrôle. Ces enfants ont souvent l'impression d'avoir quelque chose à prouver. Mais les enfants ayant un état d'esprit de croissance, au contraire, perçoivent les talents et les capacités comme des points de départ. Ils croient qu'avec du dévouement, du travail acharné et des efforts, ils peuvent atteindre leur plein potentiel. Dweck comprend qu'essentiellement, le pouvoir du « pourtant » et la reconnaissance des difficultés présentes (qui mènent à un état d'esprit de croissance) sont un acte d'autocompassion.

Cultiver un état d'esprit de croissance chez les adultes est quelque chose de beau et de puissant, alors pourquoi ne pas commencer dès l'enfance ? Leur apprendre les différentes significations de l'échec, de la préparation, de la possibilité, de l'opportunité et des déceptions les aidera à développer leur résilience et leur autocompassion.

CHAPTER 8

Faire face aux défis et aux obstacles de la parent

De même que la paix ne se résume pas à l'absence de guerre, la compassion ne se résume pas à l'absence de cruauté ou de souffrance. Face à des difficultés, comme nous en faisons tous l'expérience de temps à autre, la compassion implique également une compréhension respectueuse, de la gentillesse et même une chaleur authentique. Elle nous permet de respecter « l'instinct de bonheur » d'autrui, comme le décrit le Dalaï Lama, quelque chose que nous partageons dès notre naissance. C'est un point très important à prendre en compte dans l'éducation de nos enfants. Lorsque nous abordons les problèmes que nos enfants ont avec les autres – des moqueries légères aux brimades les plus extrêmes –, il est très facile de se lancer dans une guerre avec nos enfants et de considérer la compassion pour les autres comme rien d'autre qu'une capitulation. C'est pourtant loin d'être le cas. La véritable compassion implique de faire preuve d'empathie envers votre enfant, mais aussi de comprendre respectueusement ce qui peut pousser les autres à agir de manière cruelle. Vous devez veiller à parler des raisons des actes cruels des autres d'une manière qui ne donne pas à votre enfant le sentiment d'être responsable de la façon dont il est traité. Au contraire, vous lui donnez une vision beaucoup plus équilibrée de ce qui se passe réellement.

Pourquoi la thérapie est-elle si attrayante, surtout pour les enfants ? La réponse est simple : nous aspirons à être écoutés et respectés. Nous aspirons à l'empathie. Chaque fois que vous sentez que votre propre instinct de compassion passe au second plan, imaginez que vous êtes un enfant de cinq ans traité injustement par un ami qui a trahi votre confiance ou une fille de douze ans en huitième année qui essaie désespérément de faire correspondre son corps svelte, unique et en constante évolution, aux images impossibles et statiques de la beauté qui la bombardent jour après jour. Souvent, c'est exactement ce que nos enfants ont besoin que nous fassions : marcher à leur place ou, mieux encore, simplement écouter leur expérience, sans essayer de « réparer » ou de résoudre quoi que ce soit. Prendre le temps d'écouter sans juger ces préoccupations crée un espace sûr pour que les enfants deviennent plus résilients. Si votre enfant ne se sent pas entendu, il aura du mal à s'ouvrir à ce que vous avez à lui dire.

Faire face à l'intimidation et à la pression des pairs

Aujourd'hui, le harcèlement ne se limite plus à l'agression physique. Il peut se propager sur Internet et se perpétuer par l'exclusion, la propagation de rumeurs et le cyberharcèlement. Un jeune enfant sur quatre déclare avoir été victime de telles attaques. Tout parent responsable est légitimement alarmé par une telle perspective. Mais notre instinct naturel de protection peut aller trop loin lorsque nous imaginons des situations de moquerie ou d'agression auxquelles nos enfants pourraient être confrontés. Nous pouvons dramatiser, devenir surprotecteurs et miner la résilience de nos enfants.

Les parents se demandent souvent comment prévenir le harcèlement, mais ils ne réfléchissent pas toujours à la manière d'aider leurs enfants à le gérer et à passer à autre chose après coup. Dans quelle mesure les amitiés de votre enfant contribuent-elles à son bonheur ? Que ressent-il lorsqu'il voit quelqu'un d'autre se faire harceler, taquiner ou mettre de côté ? Il existe une compétence qui sous-tend toutes les autres actions que votre enfant pourrait choisir parmi ces liens : l'empathie, c'est-à-dire se mettre à la place de quelqu'un d'autre. Laisser l'empathie de votre enfant guider ses actions l'aidera grandement à faire des choix bienveillants et compatissants. Il est important de communiquer des valeurs claires, comme l'importance de la communauté, la générosité, la lutte contre l'exclusion, etc. Il est agréable de rappeler à votre enfant une valeur particulière dans les moments de tension (et souvent efficace aussi : « Que ferais-tu si quelqu'un bousculait ton ami ? »).

CHAPTER 9

Célébrer la diversité et promouvoir l'inclusion da

En tant que parents, nous devons commencer à parler à nos enfants de toutes les nuances de sens, d'émotions et de perceptions qui composent notre expérience humaine extrêmement diversifiée et à les exposer à ces nuances. Qu'il s'agisse des histoires et des traditions de personnes issues de différentes confessions religieuses ou de l'éducation sur la vie de personnes de races, de sexes ou d'orientations sexuelles différentes, l'adoption de la diversité et de l'inclusion nous permet d'élever des enfants capables de se défendre eux-mêmes et de chercher à inclure les autres. Voici cinq façons dont les parents peuvent travailler sur ces principes :

1. **Modèle Être un bon voisin** :
    - Apprenez à connaître des personnes différentes de vous et posez-leur des questions sur leurs expériences. Renseignez-vous sur les différentes traditions et célébrations qui ont lieu dans votre communauté locale.
    - Partagez vos histoires et votre patrimoine familial avec vos enfants. Visitez des lieux culturellement et ethniquement divers.

- Lors de festivals ou d'événements spéciaux, vous pouvez découvrir et apprécier différents aliments, jeux, arts, danses et musiques.
- Vous découvrirez également des choses intéressantes sur les gens, les familles et les traditions de votre communauté.

2. **Développer les 3 D - Dialogue, Différence, Dignité** :
   - Croire que chaque enfant né dans ce monde, comme chaque adulte, est un être humain précieux avec le potentiel de donner et d'apporter une contribution significative à sa communauté.
   - Pour élever des enfants qui s'épanouissent et font une différence positive dans le monde, ils ont besoin d'une exposition substantielle à la différence et de la possibilité de développer une compréhension respectueuse et complexe d'eux-mêmes et des autres.

3. **Découvrez qui sont vos voisins** :
   - Aidez vos enfants à accepter le monde dans toute sa diversité et donnez-leur des occasions authentiques de connaître des personnes de cultures différentes.

À la découverte de différentes cultures et traditions

Il suffit de regarder les événements tumultueux de 2021 pour constater que notre société reste en proie à de profondes divisions, dont certaines ont conduit à une hostilité et à des troubles considérables. Naturellement, cela représente un défi intéressant pour les parents qui s'efforcent d'élever des enfants compréhensifs et compatissants. Pour préparer vos enfants à évoluer dans un monde pluraliste, il faut commencer par favoriser l'inclusion dès le plus jeune âge au sein de la cellule familiale. Les principes abordés dans cette section visent à exposer vos enfants à un large éventail d'expériences culturelles. Le résultat est que les enfants auront un aperçu de la vie, des points de vue et des coutumes des autres, ce qui constitue un premier pas vers le développement de l'empathie et de la compassion envers les individus du monde entier.

L'une des façons les plus efficaces d'apprendre à vos enfants à être des individus empathiques est de montrer par vos actions que vous appréciez un groupe diversifié de personnes et que vous aimez interagir avec elles. Ne vous empêchez pas d'apprécier les personnes qui sont différentes de vous et n'essayez pas de le cacher à vos enfants. En fait, lorsque vous admirez quelqu'un pour sa façon différente de voir le monde, dites-lui que vous l'admirez. Si vos éloges sont suffisamment élogieux, l'enfant engagera souvent une conversation avec la personne au sujet de sa culture ou de ses traditions. C'est un moyen simple et facile de combler le fossé entre les différentes cultures présentes dans vos différentes communautés.

De plus, en sensibilisant vos enfants à ce qui se passe dans le monde en regardant les informations, en lisant le journal ou en consultant des blogs sur Internet, vous pouvez les aider à devenir des citoyens du monde. En étant plus au courant de ce qui se passe dans le monde, vos enfants peuvent être plus conscients des problèmes auxquels sont confrontés leurs pairs dans d'autres pays.

CHAPTER 10

L'importance de prendre soin de soi pour les paren

Prendre soin de soi est essentiel pour les parents qui souhaitent élever des enfants compatissants. Plus vous vous souciez de votre propre bien-être, mieux vous pourrez prendre soin de celui de votre enfant. Votre attitude calme agira comme un signal apaisant pour votre enfant. Donner la priorité à la façon dont vous êtes perçu en tant que parent plutôt qu'aux sentiments et aux besoins réels de votre enfant entravera votre capacité à aider votre enfant à se connecter et à faire preuve de compassion envers les autres.

Donner la priorité au bien-être mental et physique

En tant que parent dévoué, vous voulez le meilleur pour vos enfants. À une époque où les changements culturels et sociaux sont immenses, il peut être difficile de guider les enfants dans les directions qui leur seront les plus bénéfiques et qui leur permettront de réussir dans la vie. Malgré tous ces changements, le double objectif d'élever des enfants attentionnés et de promouvoir leur bien-être social, émotionnel et moral est resté largement constant au fil des générations. Heureusement, les recherches suggèrent que les parents peuvent provoquer des changements positifs, en renforçant les droits innés des enfants à réaliser leur potentiel en tant qu'individus compatissants et attentionnés. Pour être optimalement efficace, une condition préalable fondamentale à une parentalité compatissante est que les parents accordent la priorité à leur propre bien-être mental et physique.

Votre bien-être mental et physique est le précurseur de votre capacité à développer vos forces et à devenir un modèle de compassion dans la vie de votre enfant. Lorsque vous êtes en bonne santé, vous incarnez un modèle de bien-être mental qui peut communiquer une préoccupation compatissante et empathique. De cette façon, les approches bibliothérapeutiques et psychoéducatives enseignent aux parents à prendre soin d'eux-mêmes afin qu'ils puissent agir efficacement et avec compassion. En augmentant intentionnellement leur propre niveau de bien-être, les parents peuvent contribuer à façonner l'avenir social, émotionnel et même financier sain de leurs enfants.

Il peut sembler presque impossible de se concentrer sur sa propre santé mentale et physique lorsque ses enfants sont en difficulté et souffrent, mais la compassion n'est pas une ressource épuisable. Les recherches suggèrent que les parents qui adoptent des pratiques de soins compatissantes réduisent leur risque de rechute et ressentent moins de symptômes dépressifs et anxieux, même au stade aigu d'un épisode de dépression majeure. Des études indiquent que lorsque les parents pratiquent des interventions basées sur les forces et choisissent intentionnellement d'améliorer leur propre bien-être, ils en bénéficient de plusieurs façons et, par conséquent, leurs enfants semblent également en bénéficier. En fin de compte, les enfants élevés par des parents formés à la compassion deviennent ouverts à l'apprentissage de manières d'être compatissantes.

Conclusion : s'engager dans la voie de la parental

Pour Shannon Hough, la pratique de la parentalité bienveillante ne peut pas se résumer à une seule chose ou à une seule qualité. Dans les nombreuses décisions, interactions, attitudes et compétences interdépendantes qu'elle véhicule, la parentalité elle-même devient un exercice créatif de ce à quoi peut ressembler la compassion. Cela s'articule autour de l'inculcation de valeurs et de la recherche d'opportunités pour devenir plus gentil et plus proche, en créant de la beauté, de l'amour et du plaisir. De nombreuses manières, parfois redondantes, les cinq principes fondamentaux de la parentalité bienveillante sont mis en avant, privilégiant une approche holistique plutôt qu'atomiste. En effet, inculquer des valeurs est un travail qui n'est jamais complètement terminé ; pour le parent qui le choisit, la compassion est un projet de toute une vie.

La pratique de l'accompagnement et de l'éducation qui se déploie dans la parentalité bienveillante est le sujet de cet essai, qui en retrace les principes fondamentaux à travers les obligations et les attitudes qu'elle implique pour les parents. Un tel style parental transforme le processus même d'éducation des enfants en un engagement à favoriser avec compassion de grands êtres humains. En examinant la co-création d'une vie partagée et en travaillant à cultiver des valeurs, l'histoire de la parentalité et, plus largement, l'objectif patient et doux de transformer les participants en de nouvelles et meilleures personnes sont décrits. Relationnelle et attentive, la parentalité bienveillante autorise peu de généralisations sur ce dont votre enfant a besoin dans votre interaction avec lui pour une raison : chaque personne (même les plus petits) est unique et ce dont elle a besoin pour devenir des modèles de beauté authentique ne peut pas être codifié en instructions étape par étape.

Adopter le chemin de la parentalité bienveillante, c'est comprendre qu'il s'agit d'un processus continu et évolutif. Il s'agit d'être ouvert à l'apprentissage, à la croissance et à l'adaptation pendant que vous et votre enfant naviguez ensemble dans la vie. Chaque interaction et chaque décision que vous prenez posent les bases d'un avenir bienveillant, non seulement pour votre enfant, mais aussi pour le monde qu'il contribuera à façonner.

www.ingramcontent.com/pod-product-compliance
Lightning Source LLC
LaVergne TN
LVHW092101060526
838201LV00047B/1512